martine
et le monde des animaux

8 récits illustrés par marcel marlier

Martine au zoo
Martine et son ami le moineau
Martine et l'âne Cadichon
Cotcodac et Pousemin
Pic-pique le hérisson
La petite chèvre turbulente
Picolo le poussin curieux
Le chat Follet veut tout savoir

casterman

http://www.casterman.com

ISBN 2-203-10721-9

© Casterman 1996

Droits de traduction et de reproduction réservés pour tous pays. Toute reproduction, même partielle, de cet ouvrage est interdite. Une copie ou reproduction par quelque procédé que ce soit, photographie, microfilm, bande magnétique, disque ou autre, constitue une contrefaçon passible des peines prévues par la loi du 11 mars 1957 sur la protection des droits d'auteur.

martine
au zoo

GILBERT DELAHAYE - MARCEL MARLIER

Martine, Jean et Patapouf sont venus passer l'après-midi au zoo. A la grille, les visiteurs font la queue. La cloche sonne. C'est l'heure de l'ouverture.

Au zoo, sont rassemblés toutes sortes d'animaux qui vivent sur terre, dans l'eau et dans les airs. Il y en a des quatre coins du monde : de l'Océanie, de l'Afrique, de l'Asie, de l'Amérique.

D'abord, voici la lionne et ses lionceaux. La lionne est la femelle du lion, le roi des animaux. Elle aime beaucoup s'amuser avec ses petits.

Un coup de patte par-ci :

— Celui-ci s'appelle Folly.

Un coup de patte par-là :

— Et celui-là, Gamin, parce qu'il fait des sottises. Il faut toujours lui tirer les oreilles. Mais en grandissant, il deviendra raisonnable comme son père. N'est-ce pas qu'il est mignon ?

Bouffi, l'hippopotame, a des ennuis.

— Je vois ce que c'est, se dit Patapouf. Il a trop mangé. Il est lourd, lourd! Il ne peut plus sortir de l'eau.

— Pensez donc, dit un moineau en se posant sur le bord du bassin. Il dort trop! Et pourtant, regardez comme il bâille.

— Il a peut-être mal aux dents, ajoute Patapouf.

Grincheux, l'ours polaire, est occupé à prendre son bain d'eau glacée :

— Comme il fait chaud !

Il s'approche en levant le museau pour ne pas renifler de travers :

— Vous ne trouvez pas ?... Bien sûr, l'eau n'est pas mauvaise, mais, quand même, là-bas, dans le pays où je suis né, la banquise, c'était chic... Et tranquille avec ça !

Grincheux n'est jamais content, dit le chameau. Moi, je trouve que tout va bien. Je n'ai pas à me plaindre. Le soleil, c'est de la joie pour tout le monde. Ah! mes petits, si vous saviez, le désert, les mirages, c'était bien joli! Et pourtant, ici, on se plaît. On promène les enfants toute la journée. Je trouve cela très amusant!

Maman guenon a beaucoup de mal avec ses petits singes.

Pif est turbulent :

— Veux-tu t'asseoir ici ! dit la maman.

Paf est tellement gourmand !

— Ne mange donc pas tant de cacahuètes !

Pouf est encore plus drôle.

— As-tu fini de te balancer ? Ne vois-tu pas que tout le monde te regarde ?

— Pauvre girafe, se dit Patapouf, elle a grandi trop vite ! C'est pour cela qu'elle a un si long cou.

— Est-ce un géant ? demande une petite fille à sa maman. Comment fait-on pour lui dire quelque chose à l'oreille ?

Petitdoux, Saitout et Long Nez sont les noms des trois éléphants du zoo.

Ils sont toujours ensemble : le papa, la maman et le petit éléphant. Petitdoux aime beaucoup les friandises. Saitout, sa maman, connaît beaucoup de choses. Papa Long Nez est le plus fort.

Sa peau est dure comme le cuir; sa trompe, souple comme un serpent. Il s'est baigné dans les fleuves de l'Asie. Il a chassé le tigre. Il a voyagé. Il a traversé l'eau, le feu, la forêt. Il a renversé des arbres d'un coup d'épaule. Il a commandé le troupeau pendant plusieurs années. C'est un patriarche.

Quel est cet animal ?

— Il a une jolie robe. On dirait qu'il revient du carnaval. Est-ce un cheval ? demande Martine.

— Mais non. C'est un zèbre, répond Jean. Il ressemble à celui du dictionnaire.

— Il s'appelle Fury, dit le gardien.

Le zèbre est intelligent comme le chien, vif comme le vent, courageux comme le lion.

Aujourd'hui on célèbre le mariage de Monsieur et Madame Pingouin. Les Manchots, leurs amis, ont revêtu leur costume de cérémonie.

Comme ils sont en avance, ils bavardent en attendant les invités.

— On dit que c'est un beau mariage.

— Vous croyez qu'il y aura beaucoup de monde ?

— Mais bien sûr, cher ami. Il y aura Madame Otarie, Monsieur Morse et les fils Phoques.

— Mon grand-père est né en Australie; ma grand-mère aussi, et mon cousin de même, dit Madame Kangourou.

Elle remue fièrement ses grandes oreilles :

— Nous sommes de la famille des Marsupiaux. Un joli nom, n'est-ce pas ?

Elle s'assied sur sa queue :

— Voyez-vous, mes petits sont dans ma poche. C'est tellement pratique. Ainsi, ils n'iront pas se faire écraser chez les éléphants.

Dans l'aquarium habite Coquette, la tortue des mers du sud. Un poisson ne nage pas mieux qu'elle.

Elle en dirait des choses, la tortue, si elle pouvait parler ! Elle a vu, près du troisième cocotier de l'Ile aux Pirates, le trésor de Félix le Magnifique. Il y avait là dix sabres ornés de rubis, des colliers de perles fines, des pièces d'or et trois barils de poudre à canon.

Marquis, le marabout, n'est pas content.

— Ces grues à aigrette sont vraiment trop bavardes. Et coquettes avec ça ! Regardez-moi ces chapeaux à la mode !

Il hausse les épaules :

— Allez-vous-en !... Allez-vous-en !...
— Partons, ma chère, dit Duchesse, la grue.
— Vous avez raison; Marquis est insupportable.
— Et mal poli !
— Adieu, Monsieur !

— Qui, dit l'aigle, peut se vanter de regarder le soleil ? La chouette, ma cousine ? Elle voyage la nuit. Mon neveu, le grand duc ? Il est aussi poltron qu'un lièvre. Il habite dans une vieille tour remplie de toiles d'araignées... Moi, j'ai contemplé la neige éternelle. Je suis le roi de la montagne.

— Ces oiseaux sont vraiment curieux, dit Martine. Il est écrit *Echassiers* sur la pancarte.

— Ce sont des flamants roses.

— Comment font-ils pour tenir sur leurs jambes ? Est-ce qu'elles ont une rallonge; ou bien les plie-t-on en deux ? pense Patapouf.

Voici un flamant rose qui ouvre ses ailes toutes grandes. Peut-être va-t-il s'envoler ?

— Je crois plutôt qu'on va lui prendre ses mesures, dit un petit singe pour rire.

Mais un après-midi au zoo est vite passé. Déjà le gardien agite sa cloche en criant dans les allées :

— On ferme... On ferme...

Martine, Jean et Patapouf ont appris beaucoup de choses aujourd'hui. Pourtant il reste encore à voir les tigres, les loups, les bisons, les autruches, les serpents, les crocodiles, etc... Eh bien il faudra revenir une autre fois. Ce qui prouve qu'on n'a jamais fini de s'instruire.

martine
et son ami le moineau

GILBERT DELAHAYE - MARCEL MARLIER

Moustache le chat ne rêve que nids, plumes et moineaux. Dès qu'on a le dos tourné, il grimpe aux arbres. Il se prend pour un acrobate.

— Tiens, un nid de moineaux !

Moustache saute... et manque son élan. Le nid tombe. On entend des pépiements affolés dans le jardin.

— Que se passe-t-il ?...
— C'est le chat. Il a renversé le nid.
— Tu seras puni, Moustache, dit Martine...

Dans le nid, on trouve un oiseau, un seul oiseau tout petit.

— Nous l'appellerons Pierrot.
— Il est drôle, ce canari ! s'exclame Patapouf.
— C'est un moineau, gros benêt !... un jeune.
— Il n'est pas beau. Il n'a presque pas de plumes et il tient à peine sur ses pattes.
— Quand il sera grand, il volera.
— Il tremble de faim et de froid, dit Martine. Il faut s'en occuper tout de suite.
Le garder à la maison ? Le nourrir ?
Oui... mais... comment ?

Papa a dit : « On n'élève pas un moineau comme une souris blanche. »
— Où va-t-on le mettre ?
Dans ce chapeau de jardinier. Le jeune moineau orphelin crie famine. Il ouvre un grand bec.
— Je vais lui donner à manger dans une soucoupe ?
— Penses-tu ! Les oiseaux déposent la nourriture dans le bec de leurs petits, explique papa.
— Combien de fois par jour ?

— Les petits des oiseaux ont toujours faim.
— Qu'est-ce que ça mange, un moineau ? Du pain ? De la salade ?
— Surtout pas ! Celui-ci est trop jeune !... Il faut lui préparer du jaune d'œuf cuit et de la viande hachée.
— Comment ferons-nous pour donner la becquée ?
— Essayez avec une allumette.
— Et qu'allons-nous lui donner à boire ?
— De l'eau... quelques gouttes, ça suffit.
— On n'en sortira jamais ! dit Martine... Et quand les vacances seront finies, qui s'occupera de notre Pierrot ?
— Chacun son tour. On s'arrangera.

Rien ne bouge... On entendrait goutter un robinet.

Le moineau rassasié dort dans son chapeau. Laissons-le tranquille !...

— Ne réveille pas mon oiseau ! fait Patapouf.
— Ce n'est pas ton oiseau ! dit le chat... C'est moi qui l'ai trouvé le premier.
— File de là ! Tu n'as rien à faire ici !
— C'est bon, c'est bon ! En voilà une histoire pour un moineau de rien du tout !

Les semaines passent. L'oiseau prend des forces.
— Gentil Pierrot, voleras-tu bientôt?
Déjà il tient ferme sur ses pattes. Il sautille. Il fait des bonds de puce.
Quand on grandit, on veut tout connaître. On tire sur les cheveux. On donne des coups de bec.
Les ailes poussent. Les plumes vous démangent.
On s'amuse. On fait sa toilette.
— Un moineau, c'est rigolo! Ça bouge tout le temps, dit Patapouf.

Personne à la maison. Par la porte ouverte, Pierrot s'enfuit dans le jardin.

Il court, il court en battant des ailes.

Il arrive dans le poulailler, tout essoufflé :

— Je crois que je vais m'envoler !

— Mais non, mais non, répond la poule. Tu n'es qu'un oisillon prétentieux !

— Et toi, une grosse mémère aux yeux ronds !

— En voilà un effronté ! lance le coq en train de surveiller la volaille... Où est-ce que tu habites ?

— A la cuisine avec Martine.

— A la cuisine ?... Il est amusant, ce moineau !

Pierrot devient de plus en plus espiègle. Il agace le serin.
— Serin, à quoi penses-tu ?
— C'est mon affaire !
— Qu'est-ce que tu as mangé ? Tu es tout jaune !
— Et toi, tout gris. Tu ne sais pas siffler.
— Siffler ?... A quoi ça sert ?
— En tout cas, moi, je n'ai pas peur du chat !
— Vous avez fini de vous disputer ? crie Martine.

Pierrot n'arrête pas de grandir. Il fait des progrès. Ses ailes s'allongent de jour en jour.
On ne le reconnaît plus tellement il a changé.
Les petits voisins sont venus l'admirer.
— Il a l'air malin! Son œil brille.
— Tu n'as pas peur qu'il s'échappe, Martine?
— Il va bientôt s'envoler... Tu ne pourras plus le garder dans la salle à manger.
— L'autre jour, dit Martine, il s'est enfui au poulailler. Il est revenu tout seul. Il connaît le chemin.
— Quand il volera pour de vrai, ce sera bien autre chose!

— Si je tends la main, viendra-t-il se poser dedans ? demande Nicole.
— Pourquoi pas ? Pierrot n'est pas farouche.
On ne bouge plus. On attend qu'il se décide.
Mais Pierrot a disparu sans crier gare... Il vole sous les chaises et dans le hall. On le croit à la cuisine ? Il est dans la salle de bains. Non... Sous la table de la salle à manger.

La nuit tombe. C'est l'heure d'aller dormir.
— Où donc est passé Pierrot?
— Il n'est pas à la maison! dit Jean.
Martine accourt. On fait des recherches dans le jardin. On fouille le moindre recoin :
— Pierrot, Pierrot, es-tu là?
— Peut-être Moustache...
Non, vraiment, Moustache ne sait rien.

Papa dit toujours : « Un moineau, c'est gentil mais ça vole partout... Et puis c'est imprudent, espiègle et fragile. Pierrot n'a pas d'expérience. »
Comment dormir quand il n'est pas là ?
— S'il pleut cette nuit, pense Martine, Pierrot sera mouillé... Dans le noir, il se perdra...
Elle attend. Elle s'inquiète.
— Il finira bien par revenir, dit Moustache.
Mais peut-on se fier au chat ? Il a des allures de rôdeur. Ses yeux clignotent comme des lanternes. Il rase les tuiles.

Le lendemain matin à la cuisine.
Quel est ce bruit dans le buffet?
Toc toc toc... Toc toc toc...
Martine ouvre la porte à deux battants...
Et devinez qui donne des coups de bec contre une casserole? Pierrot, bien sûr!
— Pierrot!... Nous t'avons cherché partout!...

Quelle chance ! On a retrouvé le moineau. Jean l'étourdi l'avait enfermé dans le buffet par mégarde.
Et s'il s'était agi du réfrigérateur ?
Pierrot, mes amis, l'a échappé belle !...
Mais il est temps d'aller à l'école. Martine saute sur sa bicyclette. Vite, en route !
Pierrot la suit. Il bat des ailes comme un fou :
— Regarde, je vole, je vole...
— Allons, laisse-moi ! Retourne à la maison !

A l'école, tout le monde s'est assis à sa place.
Il fait beau. On a laissé la fenêtre ouverte. Pourvu que Pierrot...
La leçon commence :
— Comment trouver la surface du rectangle ?
— Pour calculer la surface du rectangle, on multiplie la longueur par la largeur...
On entend des chuchotements. Quelqu'un se met à rire.
— Eh bien ? demande la maîtresse.
— Mademoiselle, il y a un oiseau dans la classe !
— Tchip-tchip !... Tchip ! fait Pierrot à tue-tête.
— Un oiseau ?... D'où vient-il ?...

— C'est celui de Martine.

— Il m'a suivie jusqu'ici, dit Martine. Et il est entré par la fenêtre... Je n'ai pas pu l'en empêcher.

L'institutrice fait sortir l'oiseau. Referme la fenêtre :

— Pas de moineau dans l'école !... Pierrot est grand maintenant. Un moineau, ça doit vivre dans la nature.

Tous les jeudis, en classe, on dessine.
Cette fois, l'institutrice a proposé :
— Faisons le portrait d'un oiseau...
Un oiseau ? C'est facile, quand on a l'habitude !... Martine a déjà fini.
Elle rêve : « La maîtresse a raison. Garder chez soi un moineau qui sort du nid, c'est très bien. On peut le tenir au chaud, le soigner, l'apprivoiser. Maintenant que Pierrot ne tient plus en place, il vaudrait mieux qu'il apprenne à se débrouiller tout seul. Ce serait plus normal. »

Depuis ce jour-là, Pierrot ne taquine plus le serin. Il ne se cache plus sous la table de la salle à manger. Il se nourrit de graines. Il voltige dans le jardin, un brin de paille au bec. On le voit se baigner, se rouler dans la poussière. Souvent il vient picorer les miettes sur la table de la terrasse ou boire à la fontaine.
Il guette Moustache le chat qui le surveille.
Martine est fière de lui.
Pierrot est devenu un moineau pour de bon.

martine
et l'âne cadichon

GILBERT DELAHAYE - MARCEL MARLIER

Connaissez-vous le père Julien ? C'est le voisin de Martine. Il est toujours dans son verger avec l'âne Cadichon.
— Bonjour, père Julien !
— Bonjour, les enfants !... Voulez-vous des pommes ?
Papa dit toujours :
— Le père Julien est aussi têtu que son âne. A force de grimper dans son arbre, il finira par lui arriver un accident.
Un jour, le père Julien tombe de son échelle et se fracture le tibia. Il faut lui plâtrer la jambe. Il ne peut plus marcher.

— Ça doit être rudement ennuyeux, rester toute la journée sans bouger !
— Oui, le temps paraît long, dit le père Julien.
— Vous allez vite guérir, n'est-ce pas ?
— J'espère... Mais en attendant, qui prendra soin de Cadichon ?

— Ne vous en faites pas pour votre âne, père Julien. Nous veillerons à ce qu'il ne manque de rien.

Dans le pré, l'âne tourne en rond :
— J'ai faim. J'ai froid... où est le père Julien ?
— Il a eu un accident. Il ne pourra plus s'occuper de toi avant plusieurs semaines.
L'âne s'inquiète. On le rassure :
— Ça va s'arranger, Cadichon. Nous allons t'emmener à la ferme. Là, tu seras comme chez toi.
— Je veux bien... Non. Je ne veux plus... Je reste à la maison...

Enfin Cadichon se décide. On le conduit chez le fermier.

Martine explique ce qui vient d'arriver.

— On n'a pas besoin d'un âne à la ferme, répond le chat.

— C'est vrai, ajoute le fermier. Passe encore si c'était un mouton ou un canari. Mais un âne !...

Martine insiste :

— Nous soignerons Cadichon. Vous n'aurez pas à vous en occuper.

— Dans ce cas, d'accord. Conduis-le à l'étable et donne-lui à manger... Mais c'est bien pour te faire plaisir !

Une fois Cadichon dans l'étable, Jean apporte de la paille et prépare la litière. Martine va chercher des choux, des carottes, un seau d'eau.
— Je n'ai pas faim !
— Allons, fais un effort, Cadichon !
— Je n'ai pas soif !... J'ai envie de dormir.

Martine perd patience, tape du pied. L'âne se met à braire :
— Hi-han !... Hi-han !...
— Chut ! chut ! fait Patapouf. Si tu continues, le fermier te mettra dehors.

Biquette la chèvre apparaît à la porte. Elle roule de gros yeux, agite sa barbichette :
— Alors, Cadichon. Quelque chose ne va pas ?
(Les chèvres savent comme il faut parler aux ânes. Elles ont l'habitude.)
Cadichon, qui a reconnu la voix de Biquette, retrouve son sang-froid et baisse la tête :
— Je veux rentrer à la maison !
— Pour quoi faire ? Tu n'es pas bien ici ?
— Je veux voir le père Julien.

— Rentrer à la maison ? Tu n'y penses pas ! dit Martine. C'est impossible... Et puis tu n'es pas raisonnable. Tout ce bruit, oh ! là ! là ! Elle conduit Cadichon sous le hangar :
— Ici, au moins, tu ne dérangeras personne.
Survient une guêpe. Elle cherche querelle à Cadichon... qui se fâche :
— Va-t'en au diable ! dit-il.
Il fouette l'air avec sa queue... rate la guêpe. Et vlan ! d'une ruade il envoie rouler à terre la bicyclette neuve du fermier... Quelle histoire !

Le fermier a tout entendu. Il accourt, les bras au ciel :
— Je te l'avais bien dit, Martine, que nous aurions des ennuis avec cet âne.
— Il ne l'a pas fait exprès.
— Les ânes, c'est comme ça. Moi, je les connais. Faut se méfier. Ils ne font que des bêtises.
— Mais, interrompt Martine, c'est à cause de la guêpe !
Le fermier continue :
— Je vais enfermer Cadichon dans l'herbage avec les moutons.
Ça le calmera.

Dans l'herbage, Patapouf batifole avec le troupeau. Il aperçoit Cadichon dans son coin :
— Tu en fais une tête !... tu es puni ?
— Moi, puni ! Qu'est-ce que tu crois !
(Il ne faut jamais vexer un âne, c'est bien connu.)
Cadichon furieux s'élance vers le chien. Patapouf aboie. Les moutons s'énervent et s'enfuient de tous les côtés. C'est la panique.

Martine se fâche :

— Si le fermier apprend que tu excites les moutons, tu seras mis au pain sec !... Et toi aussi, Patapouf !

Elle attache Cadichon au cerisier. Tout rentre dans l'ordre.

Un mouton s'approche de Cadichon :

— C'est malin !... Tu nous as fait peur.

— ...

— Tu ne réponds pas ?

— Laisse-le, dit Biquette. Tu vois bien qu'il boude.

Le lendemain, le soleil brille, haut sur la plaine. Il est dix heures. Les moutons sont dans le pré depuis longtemps.
— Alors, Cadichon ? On ne se lève pas aujourd'hui ? demande Martine.
— Je suis malade. J'ai mal aux dents.
— Debout, Cadichon !... Debout !
Cadichon fait la sourde oreille.
Si le père Julien voyait son âne !...
Il ne serait pas fier de lui.

Voici le facteur. Une lettre pour Martine ?... Cela vient du père Julien : Ma chère Martine, je suis en convalescence chez mon neveu. Le médecin dit que les os se ressoudent comme il faut. J'espère que tu vas bien et que Cadichon ne te donne pas trop de soucis. Tu me raconteras tout ça quand je reviendrai. Signé : Père Julien.

On s'en serait douté, que le père Julien allait se tracasser au sujet de son âne.
Que dirait-il s'il apprenait toutes ses sottises ?
Rien que d'y penser, le cœur de Cadichon se met à fondre :
— Hi-han !... Hi-han !...
— Eh bien ! Quoi encore ? demande Martine.
— C'est plus fort que moi... je n'aurais pas dû te faire enrager... Tu ne diras rien au père Julien ?

Martine passe le bras autour du cou de Cadichon :
— Mais non, mais non. Je t'aime bien, tu sais.
Cadichon s'est calmé. Martine continue à lui parler doucement à l'oreille :
— C'est fini. N'en parlons plus.
— Je ne me mettrai plus en colère. Plus jamais.

— Tu ne feras plus la mauvaise tête ?
— C'est promis !
— Tu ne bouderas plus ?
— C'est juré !
— Bravo ! dit Martine. Moi aussi je te promets de ne plus me fâcher... Nous allons avoir un gentil Cadichon... Mais regarde dans quel état tu t'es mis ! Que dirais-tu d'un brin de toilette ?

— Et si je t'apprenais à faire la révérence ?
— Bonjour..., bonsoir la compagnie !
— Et à danser, pourquoi pas ? Tu vois, c'est facile. Tu lèves la patte gauche et puis la droite, comme ça.
— Venez voir, un âne savant ! s'écrie Patapouf.
Le chat ricane :
— Un âne savant ! Laisse-moi rire !
Patapouf est content. Un camarade qui ne fait pas la mauvaise tête, c'est tellement plus agréable !

Mieux vaut un âne charmant qu'un âne savant : Cadichon est devenu un vrai modèle de patience et de bonne volonté. Il ne pousse plus que des « hi-han ! » joyeux.
A présent, Martine et lui sont d'excellents amis. Le fermier n'en revient pas. Il a son idée...
— Qu'est-ce que vous faites ? demande Martine.
— Ma bicyclette ne tient plus ensemble. Avec les roues, je vais fabriquer une charrette.

— Une charrette ? Pourquoi donc ?
— Pour aller promener avec Cadichon, pardi !...
On a passé un collier de fleurs au cou de Cadichon.
Et aussi une clochette qu'il agite à tout propos.
Martine a pris place dans la charrette.
Les copains suivent à vélo.
On s'en souviendra longtemps de cette promenade !
— Salut ! sifflent les hirondelles en traversant le ciel.
— Où vas-tu, Cadichon ? demande le mouton.
— Voir le père Julien.

Le père Julien marche avec une canne. Il est presque guéri. Vous pensez s'il est heureux de revoir son âne !

— Alors, Cadichon, on a été sage ?
— Oui. Je ne pleure plus, je ne boude plus, je ne fais plus la mauvaise tête...
— Et nous ne nous mettons jamais en colère, ajoute Martine.
Elle est fière de Cadichon. Le père Julien aussi. Et on s'embrasse gaiement. Un âne c'est un âne. Ils sont tous pareils. Comme ils ont bon cœur et qu'ils sont têtus, ils tiennent leurs promesses. Non c'est non, oui c'est oui. Ainsi s'achève cette histoire.

cotcodac et pousemin

JEANNE DETHISE - MARCEL MARLIER

Il était une fois une grosse poule qui sortait toujours du poulailler. On avait beau mettre du treillis de plus en plus haut et lui couper les ailes, toujours Cotcodac — c'était le nom de la poule — trouvait moyen de s'enfuir. Elle grimpait, elle volait, elle grattait et creusait des trous en dessous de la barrière, et toujours elle sortait du poulailler.

Pousemin était un joli chaton gris apporté à la ferme par le fermier. Pousemin avait des yeux tout en or et, chat, n'avait peur de rien. Même pas du grand saint-bernard, appelé Barry, qui gardait la ferme. Très vite Pousemin est allé lui dire bonjour. Pousemin trotte vers Barry qui le regarde venir. Pousemin, la queue bien droite, frotte son petit nez aux grosses pattes de Barry, qui ne bouge pas. Le grand chien baisse la tête en fermant les yeux à moitié, de peur des griffes.

Pousemin ronronne et se met sur ses pattes de derrière pour pousser sa tête contre celle du chien. Barry sort sa grande langue et lèche le petit chat qui tombe, les pattes en l'air, et continue à ronronner. Barry se couche à plat ventre pour mieux voir son nouvel ami et Pousemin s'endort entre les pattes du chien.

Cotcodac regardait tout ça, perchée sur une branche de sapin. Quand Pousemin eut assez dormi, il bâilla en tournant sa langue, s'étira et courut vers la poule. Cotcodac, qui aimait jouer, pinça la queue du petit chat dans son bec. Pousemin se retourna très vite pour donner un coup de patte à la poule, et ainsi, en volant, criant et courant, ces deux-là s'amusaient beaucoup.

Puis Pousemin a grandi, il est devenu un beau chat, et même une maman chat, avec quatre beaux petits déposés dans le foin de la grange. Mais un vilain rat voulut en prendre un pendant que Pousemin faisait la chasse aux souris. Pousemin accourut et le mit en fuite. Puis elle prit ses enfants et les mit, un à un, dans les cheveux du fermier qui dormait dans son lit.

Le fermier qui sentait des petites griffes sur sa tête, y mit la main et se réveilla tout à fait en sortant de ses cheveux noirs, un à un, quatre petits chats gris. Pousemin était toute fière d'avoir sauvé ses enfants. Mais le fermier lui dit :

— Pousemin, que vas-tu faire de ces petits minous pendant que je travaille à la ferme et aux champs?

— C'est vrai ça, dit Pousemin. Que faire ?

Le fermier avait déposé les quatre petits chats sur son lit. Pousemin se mit à réfléchir. Elle prit un de ses enfants dans sa bouche et le porta auprès de son ami Bob, le cheval brun. Bob lui dit :

— Pousemin, Pousemin, que fais-tu avec ce petit chat que tu portes par le cou ?

— Je voudrais le mettre près de toi, dit Pousemin. Un grand méchant rat a voulu en voler un.

Bob lui dit :

— Pousemin, tu peux mettre tes enfants dans le foin de ma mangeoire : les rats ont peur de moi et n'y viennent pas, mais quand j'aurai mangé tout mon foin, tes petits chats auront bien froid...

— C'est vrai ça, dit Pousemin. Que faire ? Que faire ?

Et elle reprit son petit minou pour le montrer à la bonne vache Eulalie.

— Madame Eulalie, dit Pousemin bien poliment, un rat a voulu manger un de mes petits enfants la nuit dernière; est-ce que je peux les mettre chez toi ?

— Bien sûr, dit Eulalie, mais quand le fermier viendra mettre de l'eau dans ma crèche, tes petits vont se noyer...

— C'est vrai ça, dit Pousemin... Que faire ?

Et elle reprit son petit chat par le cou pour aller trouver son ami Barry.

— Bonjour Pousemin ! dit Barry en faisant aller sa belle queue, qu'est-ce que tu m'apportes de bon ?

— Quelle horreur ! dit Pousemin, tu vas aussi manger mes petits enfants ?

— Ah ! dit Barry, il est si petit que je le prenais pour une souris. Que veux-tu faire avec cet enfant de chat ?

— Le mettre dans ta niche, dit Pousemin, pour que tu le défendes contre les rats.

— Je veux bien, dit Barry, mais quand je fais des courses avec la fermière et que j'accompagne le fermier chez les voisins, au soir, tes enfants seront seuls si, justement, tu es à la chasse...

— C'est vrai, dit Pousemin. Que faire ? Que faire ?

Et Pousemin reprit son petit chat : elle avait bien envie de pleurer... Cotcodac, la grosse poule, passait par là et dit :

— Cot, cot, cot, Pousemin, comme tu as l'air triste ! Il y a bien longtemps qu'on ne s'est plus promené ensemble... Qu'est-ce que tu portes là dans ta bouche ?

Pousemin déposa le bébé chat pour répondre :

— Je cherche une place pour mes enfants, le grand méchant rat veut les manger...

— Pauvre Pousemin ! dit Cotcodac. Ne pleure pas va, viens chez moi : j'ai deux nids pour moi toute seule, tu peux bien en avoir un. Je dors la nuit, mais je déteste le vilain grand rat aussi. Je l'entends toujours venir, il fait tellement de bruit ! On dirait le fermier en sabots ! S'il ose venir pendant que tu chasses les souris, je lui ferai une belle réception !

Pousemin apporta un à un ses quatre petits chatons dans un des deux nids de Cotcodac. Pendant le jour, Pousemin resta près de ses petits minous, mais le soir elle partit boire un peu de lait à la ferme, puis commença la chasse aux souris. Pousemin était à peine partie que le grand vilain rat vint en faisant beaucoup de bruit.

Cotcodac, réveillée immédiatement, ouvrit ses yeux tout ronds, poussa un « cot, cot, cot, codac » furieux et vola sur le dos du rat. Pousemin entendit ce beau tapage et accourut. Cotcodac tenait bon sur le dos du rat et piquait dans sa tête, tant qu'elle pouvait. Pousemin, toutes dents et griffes dehors, mordait le rat par-derrière.

Les plumes et les poils volaient de tous côtés. La poule criait, le chat et le rat soufflaient et crachaient. Quand le vilain rat eut la queue en lambeaux, il s'enfuit à toutes jambes vers un trou où la poule et le chat ne pouvaient plus le suivre. Là, tout en léchant ses plaies et bosses, le grand méchant rat se dit qu'il ne volerait plus jamais de petits chats.

Les quatre enfants de Pousemin savent manger et courir tout seuls maintenant. Ils jouent beaucoup ensemble. Tous les jours, à la même heure, le fermier et la fermière voient Pousemin, Cotcodac et Barry, côte à côte au soleil, et les petits minous jouent tout autour. Et ils restent de grands amis !

pic-pique
le hérisson

JEANNE DETHISE - MARCEL MARLIER

    Pic-Pique est un hérisson aimable et courageux, au long museau terminé par un bout de truffe. On l'a baptisé Pic-Pique pour les picots qu'il a partout sur le dos, le cou, la tête et au-dessus de ses yeux tout ronds.

    Il habite dans un trou, sous un bel arbre en forêt de Fontainebleau.

Sous le même arbre, il y a aussi le terrier des Belzoreilles, deux lapins bruns.

Le chien du garde-chasse, Jojo la Terreur, court souvent derrière M. et Mme Belzoreilles, qui font un galop jusque chez eux. Alors, Pic-Pique, n'écoutant que son courage, se met en boule, tous piquants dehors, devant la maison de ses amis.

Jojo la Terreur se précipite tête baissée pour les déterrer. C'est facile, déterrer : on gratte, on gratte... Mais il se retire bien vite en hurlant, avec son nez plein de picots !

Le calme revenu, les deux Belzoreilles sortent de leur trou et donnent à Pic-Pique, en remerciement, une belle grosse pomme.

Un jour les Belzoreilles ont raconté à Pic-Pique d'où venaient les pommes. Hors de la forêt, disent-ils, près de Paris, il y a des vergers où on laisse dans l'herbe les pommes qui tombent, il y en a tant qu'on veut.

Et Pic-Pique part tout seul chercher des pommes...

Une biche, le voyant passer, lui dit d'une voix douce :

— Petit hérisson hérissonnant,
où t'en vas-tu tout trottinant?

— Je vais zà Paris chercher des pommes, dit Pic-Pique.

— Il ne pousse pas de pommes à Paris, dit la biche, mais hors de la forêt il y en a beaucoup dans les vergers.

— Je sais, dit Pic-Pique, c'est quand même vers Paris qu'il faut aller.

Et il reprend son chemin. Voici deux écureuils en voyage qui se tiennent par la main. Tout à coup, Jojo la terreur, qui a vu la biche, se met à aboyer furieusement. La biche s'enfuit ; un des écureuils lâche la main de son frère et grimpe dans un arbre, laissant le pauvre petit tout seul, tremblant de peur.

Pic-Pique aperçoit l'écureuil en détresse : il le prend doucement entre ses pattes et fait le gros dos. Il était temps : Jojo la Terreur passe en trombe derrière la biche.

Quand le chien est loin, l'écureuil respire! Il dit :
— Merci, monsieur... Je m'appelle Casse-Noisette.
— Moi, je m'appelle Pic-Pique, dit le hérisson. Tu vois mes picots?... Et pourquoi n'as-tu pas fui comme ton frère?

— J'ai mal aux yeux, dit l'écureuil, je ne vois pas très clair. Mon frère me conduisait près de Toubib pour qu'il me guérisse.

— Et qui est Toubib ?

— C'est un vieil homme très doux qui aime beaucoup mon frère, dit Casse-Noisette. Il soigne toutes les bêtes de la forêt quand elles ont mal.

Pendant ce temps, l'autre écureuil est redescendu de son arbre.

— Merci, monsieur Pic-Pique, dit-il, vous avez sauvé mon frère! Si jamais vous avez besoin de soins, je vous conduirai auprès de mon Toubib.

— Merci aussi, on ne sait jamais.

Puis les deux écureuils demandent ensemble :
— Gentil hérisson hérissonnant,
 où t'en vas-tu tout trottinant?

— Je vais zà Paris chercher des pommes, dit Pic-Pique.

— Ça ne pousse pas sur des pierres, disent les Casse-Noisette, mais il y en a beaucoup dans les vergers hors de la forêt.

— Je sais, dit Pic-Pique, mais c'est quand même le chemin de Paris.

Et il repart en souriant...

Il arrive dans un verger, y trouve de merveilleuses pommes et une hérissonne qui en mange tant qu'elle peut.

— Bonjour, hérisson, que viens-tu faire ici? dit-elle.

— Chercher des pommes, dit Pic-Pique.

— Prends tout ce que tu veux, dit la hérissonne. Puis je te montrerai la maison qu'il y a là-bas... Je m'appelle Picotte. Et toi?

Pic-Pique bavarde avec Picotte. Soudain, il disparaît dans un trou caché par les herbes, tombe sur le nez au fond du soupirail de la maison et se met à crier tant qu'il peut.

Picotte, habituée à ce vieux cellier dont les portes ne ferment plus, court aider son ami. Elle a bien de la peine à le sortir de là, car il saigne tellement du nez et a si mal qu'il s'évanouit tout le temps.

— Qu'allons-nous faire maintenant? dit la hérisonne.

— J'ai deux amis écureuils qui connaissent un homme dans la forêt : toutes les bêtes qui ont mal vont se faire soigner chez lui, dit Pic-Pique. Si nous allions leur demander de nous montrer le chemin?

— Je t'accompagne, dit Picotte.

Voici l'arbre des Casse-Noisette. Les écureuils demandent :

> — Gentil hérisson hérissonnant,
> où t'en vas-tu tout saignant?

— Chez Toubib avec vous, dit Pic-Pique, en parlant du nez comme s'il avait un gros rhume. Voulez-vous nous montrer le chemin?

— Oui, bien sûr, dit le petit Casse-Noisette.

Il voit clair à présent, ses yeux sont guéris, et il part avec Pic-Pique et Picotte vers l'homme très sage et très doux.

Toubib les voit arriver de loin :

— Mais, mais mon petit Casse-Noisette, tu m'amènes un nouveau client?

— Oui, dit Casse-Noisette, c'est Pic-Pique, il a si mal au nez!

— Voyons ça, dit Toubib, et il ajoute : Mon pauvre Pic-Pique, c'est vraiment fort cassé, je vais devoir t'endormir pour enlever tous les morceaux d'os qui t'empêchent de respirer.

— Mon nez est quand même un peu grand, dit Pic-Pique, ça ne fait rien.

— Coupez aussi ses cheveux, demande Picotte, ils sont trop longs et lui pendent devant les yeux.

Ainsi fut fait. Pic-Pique n'a pas senti grand mal et Toubib lui a donné du bon lait. Picotte est restée près de lui et les Casse-Noisette sont venus lui dire bonjour. Quand on peut enlever les pansements, il se trouve un si joli nez et une si belle coiffure qu'il ne se reconnaît plus.

— Merci beaucoup à tout le monde, dit-il bien poliment.

— Ce que tu es beau! dit la hérisonne...

— Que sont devenus les Belzoreilles pendant que j'étais parti ? demande Pic-Pique à ses amis.

— Oh ! ils ont six petits Belzoreilles, disent les Casse-Noisette en riant.

— Allons vite leur dire bonjour ! dit Pic-Pique à Picotte, c'est à côté de chez moi.

Et le hérisson et la hérissonne trottinent ensemble vers le terrier des Belzoreilles.

— Qui est là? demande M. Belzoreilles.

— Tu ne crois pas que c'est Pic-Pique? demande Mme Belzoreilles.

— Mais oui, c'est moi, Pic-Pique. Seulement je me suis cassé le nez en allant chercher des pommes, et on m'a aussi coupé les cheveux...

— Ce que tu es chic! disent les Belzoreilles... Venez voir nos petits enfants, tous les deux.

Pic-Pique présente son amie Picotte, s'assied au milieu de la famille Belzoreilles et raconte son histoire.

En sortant du terrier, il dit à Picotte :

— Je te remercie beaucoup de m'avoir consolé et aidé quand j'avais si mal. Viens chez moi maintenant, nous allons faire un bon dîner ensemble.

Et ils entrent chez Pic-Pique, où les Belzoreilles ont mis tout plein des pommes!

la petite chèvre turbulente

GILBERT DELAHAYE - MARCEL MARLIER

La petite chèvre turbulente ne voit pas plus loin que le bout de sa barbichette.

Elle bondit par-dessus la clôture, fait la chasse aux papillons, poursuit les abeilles.

La pie Jacasse a beau lui dire : « Prends garde ! Prends garde ! » la petite chèvre turbulente n'en fait qu'à sa tête.

Passe un lièvre au bout du pré.

— Bonjour, bonjour, crie la biquette en sautant dans le trèfle.

Elle renverse le tabouret de la fermière, piétine l'herbe qui fera le bon foin.

— Prends garde ! Prends garde ! dit le lièvre. Le fermier ne sera pas content.

Mais la petite chèvre se met à rire, à rire, en agitant la barbichette.

D'où vient ce vacarme ?

C'est la petite chèvre turbulente qui court après les moutons.

— Bê, bê, font les brebis.

— Va-t'en, gronde Noiraud, le chien du berger.

Il montre les dents pour faire voir qu'il est en colère.

Jamais on n'a vu une petite chèvre aussi turbulente que celle-là.

Quand le train arrive, elle se promène sur la voie à cause des pissenlits qui lui font signe sur le talus.

— Prends garde, Biquette, prends garde ! dit le garde-barrière en se précipitant vers elle. Tu finiras par te faire écraser.

Et vite, il la pousse en arrière.

Voilà Picota la poule.

— Si on jouait ensemble ? demande la biquette.

— D'accord, répond Picota.

— Je me cache, tu te caches.

— Si je t'attrape, gare à toi !

— Une, deux, trois…

Picota court après la biquette. Vous parlez d'une partie de cache-cache !

C'est le moment où les abeilles sont en train de faire la sieste dans le verger.

— Qui va là ? crie la reine en sortant son aiguillon. Elle roule de gros yeux.

Les frelons se réveillent. Les abeilles piquent. Toute la ruche est en colère.

La biquette et Picota s'enfuient. Les abeilles les poursuivent jusque dans la cour de la ferme.

— Allez-vous en ! crie Philippe, le petit garçon.

— Filons dans la laiterie, dit la biquette.

Picota entre. La biquette suit.

— Je me cache. Tu te caches.

Plus de frelons. Plus d'abeilles.

Ici on peut s'amuser à son aise. Les seaux roulent. Les cruches font la culbute.

On dirait qu'il y a trois, quatre, cinq biquettes dans la laiterie.

— Prends garde ! Prends garde, Biquette ! la fermière n'est pas loin. Elle arrive.

On entend ses sabots claquer sur le trottoir.

— En voilà une effrontée ! dit la fermière en chassant la biquette avec son balai. Elle fait toujours des sottises. J'avais bien dit qu'il fallait l'attacher.

— Puisque tu ne veux pas rester tranquille, tu seras punie, ajoute la fermière.

Là-dessus elle emmène la chèvre sur le bord du chemin. Philippe apporte un piquet et un maillet.

Près d'une haie d'aubépine, on enfonce le piquet, on attache une chaîne au cou de la biquette.

Quoi de plus ennuyeux que d'être attachée ? Surtout pour une petite chèvre turbulente.

Par exemple, voilà un pissenlit qu'il ferait bon croquer. Essayons de l'attraper.

Comment faire pour y arriver ?

— J'ai une idée, se dit la biquette.

Elle se met à genoux. Elle tend la barbichette.

Rien à faire. La chaîne est trop courte.

La sœur de Philippe revient de l'école.
— Que fais-tu là, Biquette ? demande-t-elle.
— Elle a été punie, dit le petit garçon.
— Bê bê bê, fait la chèvre en remuant la queue.
Tout le monde sait que cela veut dire : « Je voudrais bien m'en aller. Je voudrais bien m'en aller. Emmenez-moi s'il vous plaît ! »

Se promenant par là, Noiraud, le chien, rencontre la biquette.

— Qu'est-ce qui ne va pas ?

— J'essaie d'attraper un pissenlit.

— Cela n'est pas difficile pourtant.

— Oh si, répond la petite chèvre.

— Je vois ce que c'est, dit Noiraud, apercevant la chaîne qui retient la biquette. Tu as encore fait des sottises. Voilà pourquoi tu es attachée.

Et Noiraud de se mettre à courir.

Elle voudrait bien accompagner Noiraud, la biquette, chasser le papillon, poursuivre les abeilles encore une fois. Elle voudrait bien.

Ah, si elle était libre!

Elle tire sur la chaîne. Elle saute sur le talus.

— On dirait que le collier s'est détaché.

Mais c'est vrai.

Voilà Biquette libre, libre...

Elle court à droite. Elle court à gauche. On la voit partout en même temps : dans la cour de la ferme, dans le jardin, dans le pré.

Les canards sautent dans la mare :

— Voilà Biquette, voilà Biquette !

— Attention ! crie la poule à ses poussins.

— En voilà une histoire, font les oies, en courant sur le chemin.

— Tu ne veux pas rester attachée ? dit la fermière. Nous allons t'enfermer et, cette fois, tu ne pourras plus t'échapper.

Elle emmène la petite chèvre dans le verger.

— Vite, poussons la barrière.

— C'est embêtant d'être enfermée ! se dit Biquette en remuant la barbichette.

Dans le verger, il n'y a qu'un banc, le coq, la poule et deux pommiers. Et aussi, derrière le banc, un tas de bois qu'on a mis sécher pour l'hiver.

— Tiens, une feuille pend sur cette bûche !... Tirons pour voir...

— Prends garde, dit le coq, prends garde !

La biquette tire sur la feuille.

Et patatras ! voilà le tas de bûches qui s'écroule.

On court à la barrière :

— C'est encore la biquette qui fait des sottises !

— Moi, se dit Noiraud, je pense qu'elle doit rester dans le verger jusqu'à ce qu'elle soit raisonnable.

Noiraud ne s'est pas trompé : on attache toujours les petites chèvres qui ne voient pas plus loin que le bout de leur barbichette, ou bien on les enferme dans le pré.

picolo
le poussin curieux

GILBERT DELAHAYE - MARCEL MARLIER

— Qu'est-ce que ça veut dire " Cocorico "? demande Picolo, le petit poussin curieux.
— Ça veut dire que c'est le matin, répond le coq.
— Qu'est-ce que c'est le matin?
— Eh bien... c'est l'heure où le soleil se lève.
— Pourquoi se lève-t-il, le soleil?
— Parce que c'est la fin de la nuit et qu'après la nuit, il fait jour, pardi!

— Qu'est-ce que tu fais dans les capucines? demande Picolo en poursuivant une abeille.
— Je cherche du pollen.
— Et après?
— J'irai le porter dans la ruche.
— Et après?
— J'en ferai du miel pour l'hiver.
— Et après?
— Petit poussin curieux, est-ce que tu veux que je te pique?... Est-ce que tu veux, oui?

Tiens, voilà un petit grain de blé.

— D'où viens-tu?

— Je me suis perdu. J'étais dans le champ de l'autre côté de la ferme où sont les moineaux et les perdrix. Le fermier est arrivé...

— Et ensuite?

— Je ne sais plus. J'étais dans le grenier et je suis tombé à travers le plancher.

— C'est toi Minet le chat? demande le petit poussin curieux.

— Oui, c'est moi... Et alors?

— Je voudrais savoir pourquoi tu n'es pas dans la grange avec les souris?

— En voilà une question. Et toi, pourquoi n'es-tu pas dans le poulailler avec la mère poule? Ou bien dans la cour à manger le riz de la fermière?

— Parce que je voudrais voir ce qu'il y a dans la cuisine.

Donc Picolo entre dans la cuisine :
— Y a-t-il quelqu'un?
— Oui, moi, le petit chien.
— Et ça, qu'est-ce que c'est?
— C'est une pelote de laine.
— Pour quoi faire?
— Pour jouer avec, tiens.

— Tu tires là, par le bout qui dépasse, dit le petit chien.

— Et puis?

— Tu cours avec dans tous les coins. Tu passes par dessous la table. Tu fais le tour de la chaise. Et ça roule, ça roule.

— Qu'est-ce que ça veut dire " ça roule "?

— Ça veut dire que ça se défait, ça se tourne, ça fait des nœuds. Plus tu tires, plus ça s'embrouille.

— Veux-tu que je te fasse voir autre chose? demande le petit chien à l'oreille de Picolo.

— Oh oui. Est-ce que c'est amusant?

— Ça dépend... Chut. Il ne faut pas faire de bruit. La fermière n'est pas loin... Regarde... C'est une attrape à souris. Là, il y a un ressort. Ici, un petit morceau de fromage... Attention! N'y touche pas.

Clic, clac, l'attrape à souris vient de se refermer.

— Au secours, au secours !
Picolo traverse la cour à toute vitesse.
— Sauve qui peut ! crient les canetons.
— En voilà une histoire, gloussent les dindons.
— C'est à cause du petit chien ! fait Picolo. Il m'a dit : " Je vais te faire voir une attrape à souris "... Je me suis enfui juste au moment où elle se refermait.

Tout volant, tout courant, Picolo entre dans le potager. Là, une citrouille mûrit au soleil.

— Est-ce que c'est un œuf? demande Picolo.
— C'est une citrouille, répond la coccinelle.
— Comment ça marche?
— Ça ne marche pas. Tu mets une graine dans la terre et puis ça grandit, ça grandit...

Passe une chenille qui rampe sur la feuille.
— Est-ce que tu voles? demande Picolo.
— Non, mais c'est pour bientôt.
— Où sont tes ailes?
— Dans le dos.
— Montre un peu?
— Tu ne me crois pas? Tu veux que je me mette en colère? Tu verras comme je volerai quand je serai papillon. Et toi, tu ne seras qu'un petit poulet avec des plumes!

— Une, deux, trois... Hop là !

C'est le criquet qui s'amuse à sauter dans l'herbe.

— Pourquoi danses-tu ? demande Picolo le petit poussin curieux, en levant la tête.

— Parce que c'est mon métier. Mon cousin était équilibriste dans les jardins du roi.

— Tu ne vois pas qu'il se moque de toi ? dit la fourmi.

— Qu'y a-t-il par ici?

— Par ici, par ici, fait l'écho dans le fond de l'arrosoir.

— Qui a parlé?

— A parlé, a parlé.

Picolo se penche pour voir qui a bien pu l'appeler dans le trou de l'arrosoir.

— Attention! Tu vas tomber, dit la libellule en agitant ses ailes.

Et voilà Picolo tout au fond de l'arrosoir.

— A l'aide! A l'aide! crie Picolo.

Biquette, la chèvre, passait par là. D'un coup de tête, elle renverse l'arrosoir. Heureusement qu'il était vide.

— Qu'est-ce que tu as sur le front? demande Picolo en reprenant haleine.

— Ce sont des cornes pour intriguer les petits poussins curieux, dit la chèvre en agitant sa barbichette.

Le petit poussin poursuit sa route. Il rencontre un escargot.

— Où vas-tu? lui demande Picolo.

— Eh bien... je pars en voyage.

— Et que portes-tu sur ton dos?

— Peut-être mes bagages.

— Tu n'as pas l'air pressé du tout.

— Pas le moins du monde... Sur ce, adieu... Et prends garde aux petits canards.

L'escargot avait raison : il faut toujours se méfier des petits canards. Surtout quand ils sont dans la rivière.

— Picolo, Picolo, viens voir ce qu'il y a dans l'eau!
— Ça doit être une grenouille.
— Non, c'est un poisson rouge.
— Viens voir sur le bout de la planche.

Un coup de vent. Plouf, Picolo tombe dans la rivière.

— Venez vite, crient les canards, le petit poussin est tombé dans l'eau!

Tout près de là, pêchait un petit garçon. Il accourt avec son épuisette. Il sauve le petit poussin. Il l'emporte dans son chapeau jusqu'à la ferme :

— C'est à vous le petit poussin?

— Oui, c'est Picolo, le petit poussin curieux. Je me demandais justement où il était passé.

Après s'être séché au soleil, Picolo retourne dans le poulailler. Et là, il rencontre, devinez quoi? Un petit poussin qui lui ressemble comme son frère :
— Comment t'appelles-tu?
— Je m'appelle Picota.
— Et moi, Picolo. Si tu veux, nous serons des amis tous les deux. Allons voir ce qui se passe dans la cour.

Et c'est ainsi que le petit poussin curieux s'en alla vers de nouvelles aventures.

le chat follet veut tout savoir

LUCIENNE ERVILLE - MARCEL MARLIER

Follet a dormi sur un tricot bleu ciel, doux comme du duvet. Il ouvre un œil, puis l'autre... ronronne comme un petit moteur et songe à faire sa toilette. Mais la laine est si douce qu'aussitôt il se rendort et fait un rêve tout bleu !

"Ouaw, ouaw!" Ça, c'est Puick, le petit chien aux longues oreilles, grand ami de Follet.

Sans plus penser à sa toilette, Follet se précipite dans la cour pour accueillir Puick qui le regarde d'un air indigné : " Follet, tu ne t'es même pas débarbouillé ! "

C'est trop injuste à la fin ! " Vous, les chiens, vous vous croyez tout permis. On vous baigne, on vous brosse, on vous bichonne… alors que nous, on doit tout faire tout seul ! "

Et pourtant, pour dire vrai, Follet n'aimerait pas du tout être un chien : il trouve si bête de ronger des os et de battre la mesure avec sa queue…

Mieux vaut encore faire sa toilette : un coup de patte derrière les oreilles, un coup de langue ici et là : le voilà propre comme un sou neuf. Puick est plein d'admiration !

Ce matin, le temps est maussade... "Viens, Follet, on va en profiter pour jouer au jeu des nuages." Ils se dirigent ensemble vers le jardin et s'installent sur le muret couvert

de mousse. Tous deux regardent passer les nuages… "Celui-là, Follet, il ressemble à quoi ?" "A un nuage" répond Follet, distrait. Puick ne se fâche pas et lui en indique un autre, tout rond : "Moi, je trouve qu'il a l'air d'un matou qui fait le gros dos !" Du coup, Follet a compris… "Ou d'une pelote de laine grise", ajoute-t-il tout joyeux.

Le nuage suivant est long, long... "Ça, dit Follet, c'est un os à moelle... ou plutôt un chien-à-rallonge !" C'est ainsi que Follet appelle le teckel qui habite dans le voisinage.

Puick n'en peut plus de rire et sa queue bat de plus en plus vite ! Mais il se souvient tout d'un coup de la formidable nouvelle qu'il a apprise en se promenant dans la rue : "Le vieux Médor, son copain Zouzou et moi, on a fait la causette. Médor a raconté qu'il existait des écoles pour chiens ! Il paraît qu'on y apprend des tas de choses : à devenir chien de garde ou de chasse ou chien savant ! Et Zouzou nous a assuré qu'il avait vu lui-même dans un cirque une mignonne chienne vêtue d'une jupette qui valsait à ravir..." Follet n'en revient pas ! Des écoles pour chiens !

"Dis, Puick, tu ne vas pas me quitter pour aller à l'école tout de même ?" "Pas question, le rassure Puick, j'aime beaucoup mieux jouer avec toi !"

"Est-ce qu'il y a aussi des écoles pour chats ?" s'informe Follet très intéressé. Il se voit déjà affublé de grosses lunettes et lisant des livres savants...
"Je ne sais pas, Follet, on n'en a pas parlé."

Fini pour aujourd'hui le jeu des nuages...
Les deux petits amis longent le massif de dahlias roses. "Qu'ils sont beaux! s'exclame Follet... Ça vit longtemps, les dahlias?" L'arbre Pommier, qui a entendu la question, rassure Follet : "Ils restent beaux durant de longues semaines."
"Merci!" lui crie Follet.

L'étang aux poissons rouges est couvert de nénuphars. Reinette la Grenouille est assise sur une large feuille verte. Les fleurs roses sont tellement immobiles qu'on les croirait en porcelaine. Mais tout à coup, entre deux feuilles on voit apparaître un poisson rouge, puis deux, puis trois...
Salut ! Salut ! Salut !
C'est que Puick et Follet ont beaucoup d'amis...

Dans l'allée qui mène vers le Vieux Chêne, ils découvrent Pointu le Hérisson qui se repose. Il a l'air très fatigué.
" C'est que je travaille beaucoup. Ma maison d'hiver est presque terminée. L'automne commence… "
" C'est quoi, l'automne ? " s'informe Follet. Pointu fait entendre un petit rire.

"Ah ! l'automne, c'est beaucoup de choses... du temps gris, de la pluie, les feuilles des arbres qui deviennent rouges, puis tombent... Mais le Vieux Chêne vous expliquera...
Nous, les hérissons, dès qu'il fait froid, nous avons sommeil. Et pendant des semaines et des semaines nous dormons si profondément que nous ne savons rien de ce qui se passe au-dehors !"
Puick et Follet se regardent tout ahuris : ne pas jouer, ne pas manger,

ne voir personne pendant des mois !
"Et vous aimez ça ?" demande poliment Follet. "Beaucoup, c'est très pratique, lui répond Pointu, nous nous réveillons frais et dispos quand revient le printemps. Ce que nous regrettons c'est de n'avoir jamais vu la neige... il paraît que c'est très joli !..."
Pointu les quitte alors car son travail l'appelle.

Le Vieux Chêne accueille Puick et Follet de sa grosse voix amicale : "Je suis content de vous voir ! Le temps se gâte et vous ne viendrez plus très souvent par ici." Tout ému, Follet balbutie : "Pointu le Hérisson nous a dit qu'il va dormir tout le temps et que vos feuilles seront rouges et puis aussi qu'elles vont tomber !" "Non, Follet, ça ne va pas aussi vite, mais Pointu a raison." Une grosse goutte vient de tomber sur le nez rose de Follet... une autre sur son oreille.

"Venez tout près de moi, mes feuilles vous protégeront de la pluie, dit le Vieux Chêne. Vous voyez, le temps se gâte, je crois que demain il y aura du brouillard..."

"C'est quoi, le brouillard?" s'informe Follet. Décidément il veut tout savoir!

"Le brouillard? C'est un nuage au ras du sol, parfois léger comme un voile gris qui resterait accroché aux arbres, mais

parfois très épais; il forme alors un véritable mur. Impossible de rien voir au travers!" Follet ne peut y croire :

"On ne voit vraiment rien? Ni la maison, ni les arbres, ni Puick?" "Non, vraiment rien et on risque de se cogner… Mieux vaut rester à la maison quand il y a du brouillard ou de l'orage!"

"C'est quoi, l'orage?" s'enquiert Follet, infatigable. "Des éclairs qui sont des zigzags de lumière accompagnés de la grosse voix du tonnerre… Mais sa colère passe vite!"

"Dis, Puick, on va en connaître des choses ! On jouera dans la cabane du jardinier, parmi les pots de fleurs…"

"Et vous y entendrez les tambours de la pluie sur le toit et sur les vitres !" ajoute le Vieux Chêne.

A présent la pluie a cessé de tomber. C'est le moment de rentrer à la maison.

"Vous viendrez me voir quand vous le pourrez, ajoute un peu tristement le Vieux Chêne, je vous parlerai alors de la neige !"

"C'est quoi, la neige ?" se demande Follet qui sait bien que Puick ne lui répondra pas…
Encore quelque chose à découvrir ! "Quelle chance ! songent Puick et Follet. Comme c'est gai de vivre !"

Imprimé en Belgique par Casterman imprimerie s.a., Tournai.
Dépôt legal : août 96; D.1996/0053/282.

Déposé au Ministère de la Justice, Paris
(Loi n° 49.956 du 16 juillet 1949 sur les publications destinées à la jeunesse).